Analyse de l'œuvre

Par Marie-Charlotte Schneider
et Lucile Lhoste

Le Misanthrope

de Molière

lePetitLittéraire.fr

Rendez-vous sur lepetitlitteraire.fr et découvrez :

Plus de 1200 analyses
Claires et synthétiques
Téléchargeables en 30 secondes
À imprimer chez soi

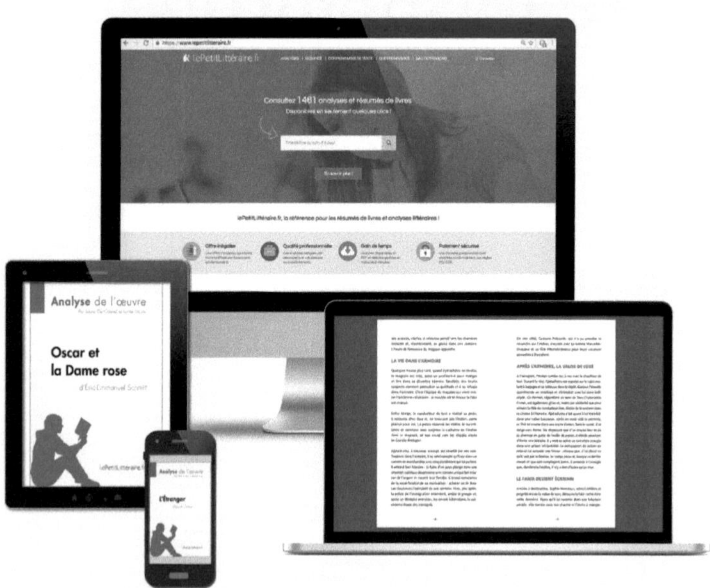

MOLIÈRE

DRAMATURGE, COMÉDIEN ET CHEF DE TROUPE FRANÇAIS

- **Né en 1622 à Paris**
- **Décédé en 1673 dans la même ville**
- **Quelques-unes de ses œuvres :**
  - *Dom Juan* (1665), comédie
  - *L'Avare* (1668), comédie
  - *Le Bourgeois gentilhomme* (1670), comédie-ballet

À la fois auteur, metteur en scène, directeur de troupe et comédien, Molière (de son vrai nom Jean-Baptiste Poquelin) nait à Paris en 1622 dans la bourgeoisie aisée. Il s'oriente très tôt vers le théâtre et fonde avec la comédienne Madeleine Béjart (1618-1672) la troupe de l'Illustre-Théâtre. Après douze ans de théâtre itinérant en province, il revient à Paris où il est remarqué par Louis XIV (1638-1715) qui le prend à son service.

Il écrit essentiellement des comédies dans lesquelles, sous le couvert du rire, il met au jour les défauts de ses contemporains (la préciosité, le pédantisme, l'avarice, etc.) et critique la société du XVIIe siècle (les pères autoritaires, les faux dévots, les médecins charlatans, etc.) Ses nombreuses pièces exercent encore aujourd'hui une influence considérable et font de Molière un auteur majeur du siècle classique.

Il meurt à Paris en 1673.

LE MISANTHROPE

UNE CRITIQUE DES MŒURS DE LA COUR

- **Genre :** comédie
- **Édition de référence :** *Le Misanthrope ou l'Atrabilaire amoureux*, Paris, Larousse, coll. « Petits Classiques Larousse », 2006, 192 p.
- **1ʳᵉ édition :** 1666
- **Thématiques :** amour, sincérité, mœurs, faux-semblants, hypocrisie, indécision

Le Misanthrope ou l'Atrabilaire amoureux est l'une des nombreuses comédies composant l'œuvre de Molière. Représentée en 1666 au théâtre du Palais-Royal, cette comédie en cinq actes n'a pas eu le même succès à sa création que celui apporté par la postérité. La pièce a en effet un côté sombre assez différent de ce que l'on peut attendre d'une comédie de Molière. L'auteur y dépeint les mœurs mondaines dans ce qu'elles ont de plus hypocrite. C'est dans ce contexte qu'Alceste, personnage misanthrope, se bat pour défendre l'honnêteté et la franchise.

RÉSUMÉ

ACTE I

Scène I

Dans la scène d'exposition, Alceste s'offusque du manque de sincérité de son ami Philinte qui traite en amis des gens qu'il n'apprécie pas vraiment. S'ensuit une discussion sur l'hypocrisie, au cours de laquelle Philinte fait valoir le respect des mœurs du temps tandis qu'Alceste prône la franchise en toute situation. Philinte ne manque pas dès lors de souligner le ridicule d'Alceste qui ne jure que par la franchise, mais aime Célimène, dame de cour connue pour son manque de sincérité.

Scène II

Oronte vient voir Alceste, qu'il traite avec beaucoup d'égards, pour lui soumettre un sonnet de sa composition. Alceste, refusant d'entrer dans le jeu de l'hypocrisie, contrairement à Philinte, critique ouvertement le poème d'Oronte qui, selon lui, s'éloigne de la simple vérité par trop de détours et d'effets de style. Les deux hommes se disputent jusqu'à l'intervention de Philinte.

Scène III

Alceste s'oppose une fois de plus à Philinte en lui reprochant son manque de sincérité, tandis que ce dernier lui reproche l'inverse.

ACTE II

Scène I

Alceste rend visite à son amante Célimène. Il lui reproche d'accorder ses faveurs à trop d'hommes tout en lui jurant qu'il est le seul qu'elle aime vraiment. Elle affirme qu'on ne peut lui reprocher d'être aimée et qu'elle ne peut se soustraire à la vie mondaine.

Scènes II et III

Le valet de Célimène informe cette dernière de l'arrivée de Clitandre. Elle accepte de le recevoir malgré la présence d'Alceste. Celui-ci lui fait part de son mécontentement, ce qui ne fait pas changer d'avis la jeune femme. Alceste déclare vouloir s'en aller.

Scène IV

Alceste dit finalement vouloir rester pour clarifier la situation avec Célimène et son rival. Ce dernier arrive accompagné d'un petit groupe de courtisans, dont Philinte. Célimène, encouragée par son public, entreprend alors de dresser un portrait critique de tous les gens du monde dont on lui cite le nom. Contrairement aux autres, Alceste s'offusque de ce procédé car jamais Célimène ne critiquerait ces personnes en face. Célimène reproche à Alceste son esprit de contradiction et il lui rétorque que la sincérité est indispensable à l'amour. Éliante, la cousine de Célimène, affirme quant à elle que l'amour fait disparaitre tous les défauts chez l'être aimé. Pour couper court à la conversation, Célimène propose une promenade que tous acceptent.

Scènes V et VI

Le valet de Célimène annonce qu'un garde cherche à voir Alceste et le fait entrer. Le garde vient le prévenir qu'Oronte lui intente un procès pour avoir critiqué son poème. Alceste affirme alors qu'il se rendra devant le tribunal des maréchaux, mais que rien ne le fera revenir sur ses propos si ce n'est un ordre du roi lui-même.

ACTE III

Scène I

Les marquis Acaste et Clitandre discutent de leur situation respective auprès de Célimène. Acaste croit avoir toutes ses faveurs sans pouvoir en donner la raison.

Scènes II et III

Célimène entre dans la pièce et s'interroge sur la présence des marquis. Son valet vient la prévenir de l'arrivée de son amie, Arsinoé, que ni elle ni les marquis n'ont envie de voir. Ils accusent en effet cette dernière de faire montre de pruderie pour cacher sa solitude.

Scène IV

Les marquis sont partis. Arsinoé explique être venue prévenir Célimène des bruits qui courent sur elle dans le monde. On lui reproche, selon elle, sa galanterie. Célimène lui rétorque qu'on lui reproche, à elle, sa pruderie simulée. La discussion des deux femmes les menant de reproche en reproche, Arsinoé propose d'arrêter là leur conversation.

Célimène s'en va en la laissant en compagnie d'Alceste.

Scène V

Arsinoé, heureuse de cet entretien avec Alceste, commence à lui faire des louanges. Celui-ci tente de réfuter des mérites auxquels il ne pense pas pouvoir prétendre. Arsinoé le félicite de rester éloigné de la cour, ce à quoi Alceste répond que c'est dans sa nature d'être sincère et d'éviter le monde. Arsinoé accuse alors Célimène de feindre l'amour qu'elle prétend éprouver pour Alceste. Ce dernier refuse de la croire sans preuve.

ACTE IV

Scène I

Philinte rapporte à Éliante la manière dont s'est déroulé l'entretien entre Alceste et Oronte devant le tribunal des maréchaux. Alceste, sans vouloir revenir sur sa critique du poème d'Oronte, a admis que la mauvaise qualité des vers n'entachait en rien la réputation du gentilhomme. Éliante et Philinte reviennent ensuite sur l'amour que porte Alceste à Célimène et sur ce qu'il a de contradictoire en raison de la haine du jeune homme pour l'hypocrisie. Alors que Philinte affirme qu'Éliante serait un choix plus raisonnable pour Alceste, cette dernière répond que la raison n'influence pas les sentiments.

Scène II

Alceste vient faire part à Éliante et Philinte de la trahison de Célimène : elle aurait écrit une lettre à Oronte, lettre qu'on lui a ensuite fait parvenir. Pour venger son honneur, Alceste demande à Éliante de l'épouser, alors que celle-ci lui conseille de ne pas se précipiter.

Scène III

Alceste confronte Célimène à la lettre qu'on lui a fait parvenir. Celle-ci ne nie pas l'avoir écrite, mais elle n'était pas destinée à Oronte. Elle affirme même que la lettre pourrait très bien avoir été écrite pour une femme. Elle cesse ensuite de se justifier en disant à Alceste qu'il peut croire ce qu'il veut et que s'il ne lui fait pas confiance, c'est qu'il ne l'aime pas.

Scène IV

Le valet d'Alceste arrive pour le prévenir qu'il a reçu un billet pour lui et un avertissement disant qu'un danger le guette. Il faut fuir.

ACTE V

Scène I

Alceste, dégouté des mœurs de son temps qui lui font risquer un procès pour avoir été trop honnête, explique à Philinte sa décision de vouloir se retirer du monde. Son ami tente de le faire changer d'avis, mais en vain. Alceste attend l'arrivée de Célimène pour lui demander de partir avec lui.

Scène II

Alceste et Oronte tentent de confronter Célimène au choix qu'elle a à faire entre les deux rivaux. Célimène refuse de répondre sous prétexte qu'elle ne veut blesser aucun d'eux en public.

Scène III

Célimène demande à Éliante de confirmer qu'il n'est pas d'usage de prendre de telles décisions en public. Elle refuse toujours de prendre parti, et les rivaux s'impatientent.

Scène IV

S'ajoutent à ceux-ci Clitandre et Acaste qui ont en leur possession des écrits dans lesquels Célimène se moque d'Oronte et d'Alceste. Malgré son humiliation, Alceste propose à Célimène de se retirer du monde avec lui. Celle-ci refuse malgré la situation incertaine dans laquelle elle se trouve. Alceste décide donc de partir seul et retire son amour à Célimène. Dans le même temps, Philinte et Éliante décident de se marier et suivent leur ami pour tenter de le faire revenir sur sa décision.

ÉTUDE DES PERSONNAGES

ALCESTE

Homme d'un certain rang, Alceste est le misanthrope. Obsédé par son souci de vérité et de sincérité, il ne peut supporter l'hypocrisie ni y prendre part. Alceste se place donc constamment en porte-à-faux dans un monde qui cultive le gout de la préciosité. Les mœurs de son temps prônent en effet l'usage d'une certaine forme de politesse et de conventions sociales où les bonnes manières prévalent sur les sentiments personnels.

Aux yeux d'Alceste, ce jeu des conventions représente le vice de son temps. Les idées d'Alceste sur l'honnêteté ne font que l'isoler du reste des personnages, puisqu'il s'empêche lui-même d'entretenir des relations avec ceux qui ne partagent pas son souci de sincérité. Néanmoins, sa manière d'envisager les relations interpersonnelles varie fortement en fonction des personnages à qui il s'adresse :

- Célimène **est** la seule personne dont il recherche la fréquentation. Pourtant, elle est aussi celle dont le comportement s'éloigne le plus de son souci de vérité et de sincérité. Jusqu'au bout et malgré les preuves de la trahison de celle-ci, il ne cesse de s'accrocher à l'amour qu'il a pour elle ;
- Philinte est l'ami d'Alceste. Cependant, Alceste a du mal à admettre l'amitié de Philinte pour lui quand il le voit montrer les mêmes signes d'amitié à des gens que ce dernier n'apprécie manifestement pas. Pourtant, Philinte est

l'un des seuls à lui témoigner son soutien jusqu'au bout ;

- Éliante est la femme qu'Alceste devrait épouser selon l'avis de Philinte. Toutefois, Alceste ne lui montre aucun intérêt si ce n'est pour se venger de la trahison de Célimène ;
- Oronte est l'un des rivaux d'Alceste auprès de Célimène. Alceste, sans nier la qualité de l'homme, n'approuve pas ses qualités littéraires. Son expression, selon lui, n'est en effet pas assez simple, elle ne touche pas au réel. Alceste est, en outre, plus choqué encore lorsqu'il découvre que ce dernier est son principal rival auprès de celle qu'il aime.

Le choix des relations d'Alceste a donc quelque chose d'assez contradictoire. En effet, il refuse l'amitié de Philinte à cause du manque de sincérité de celui-ci tandis qu'il aime Célimène, personnage le plus hypocrite de la pièce.

CÉLIMÈNE

Célimène, jeune veuve mondaine, est l'amante d'Alceste, mais elle est son opposé du point de vue des valeurs. Contrairement à son amant, elle adhère entièrement au jeu des conventions par son hypocrisie et sa médisance.

Plus que d'accepter le jeu de l'hypocrisie par simple obligation sociétale, Célimène y prend un plaisir non dissimulé. Elle en fait même son principal talent et chacun – excepté Alceste – semble l'admirer pour cela. Tous les personnages gravitent autour d'elle. Ses admirateurs finissent pourtant par découvrir qu'elle fait preuve de la même hypocrisie envers eux qu'envers les autres. Mais, même lorsqu'elle tombe en disgrâce, elle refuse de se retirer du monde avec Alceste, la vie dans la bonne société paraissant être sa seule raison d'exister.

PHILINTE

Philinte est l'ami d'Alceste. Avec Éliante, il semble être le seul à se préoccuper de lui. Il ne partage pas la vision d'Alceste sur les relations humaines, mais il ne partage pas non plus celle de Célimène. En effet, s'il ne se soumet pas à la même exigence de sincérité qu'Alceste, ce n'est pas par plaisir ou par ambition. Philinte est conscient qu'il vit dans un monde de conventions et qu'il faut en suivre les règles pour y survivre. Il tente d'ailleurs de mettre en garde Alceste contre les dangers de sa trop grande franchise, notamment lorsque celui-ci critique le sonnet d'Oronte. Plus que les autres personnages, il semble être conscient du fait que l'honnêteté est une qualité, mais aussi qu'en faire preuve peut parfois être dangereux. Philinte est charmé par Éliante et finit par l'épouser.

ÉLIANTE

Éliante est la cousine de Célimène. Elle représente la voix de la sagesse dans la pièce, tant dans sa vision de l'amour que dans sa désapprobation des agissements de sa cousine.

Avec Philinte, ils forment un duo dont la fonction n'est pas tellement éloignée de celle du chœur antique : ils commentent en effet l'action à plusieurs reprises, en portant sur elle un jugement modérateur et en craignant le malheur qui pourrait s'abattre sur leur ami Alceste.

ORONTE

Oronte est un gentilhomme. Il est aussi l'amant de Célimène et, par conséquent, le rival d'Alceste. Il se croit doué d'un grand talent littéraire. S'il demande qu'on le juge avec franchise, il n'en attend pas moins qu'on le félicite. Ses entrevues avec Alceste, qui refuse de se plier à la loi des faux-semblants, donnent lieu à de nombreux ressorts comiques.

ARSINOÉ

Arsinoé est une dame de cour. Elle intervient assez peu dans la pièce, si ce n'est pour faire avancer quelque peu l'action. Elle aime Alceste et use tant de la flatterie que de la ruse pour détacher ce dernier de Célimène. Attaquée par Célimène sur sa fausse pruderie, l'image qu'elle donne d'elle diffère en effet de ses actions. Rivale de Célimène, les confrontations entre les deux femmes sont source de comique car elles contiennent de nombreuses attaques à peine voilées.

LES MARQUIS

Acaste et Clitandre sont deux prétendants de Célimène. Issus de la petite noblesse, ils admirent cette dernière. Ces deux marquis apparaissent rarement et n'influencent que très peu l'action. Leur fonction consiste plutôt à renforcer la représentation du monde de la cour et de ses faux-semblants.

CLÉS DE LECTURE

UN COMIQUE TEMPÉRÉ

Le Misanthrope est, selon le sous-titre de l'auteur, une comédie. Pourtant, le style est loin du comique populaire dont Molière a pu faire usage dans d'autres pièces. En effet, si les ressorts comiques ne manquent pas, ceux-ci sont tempérés par le pathétique qui règne sur d'autres aspects de la pièce.

On distingue plusieurs types de comique dans *Le Misanthrope* :

- les jeux de mots, nombreux dans la pièce (on peut, par exemple, retenir le jeu de mot « pendre/pendable » lors du premier échange entre Philinte et Alceste, acte I, scène I) ;
- le comique de situation, fondement même de la pièce puisque c'est la situation d'Alceste, défenseur intransigeant de la franchise et de l'honnêteté follement épris de l'hypocrite et médisante Célimène, qui fait d'abord rire le spectateur ;
- la caricature de types de personnages bien définis (la fausse prude Arsinoé, la belle médisante Célimène, l'intransigeant Alceste, etc.).

Mais le comique est constamment contrebalancé par le pathétique, qui provient principalement du personnage d'Alceste et de son isolement. Par conséquent, si Molière dénonce le ridicule des mœurs de son époque à travers la caricature de ses personnages, le rire ne semble pas être son unique objectif. Le personnage d'Alceste, qui finit par s'exclure volontairement de la société mondaine, donne à la pièce des accents tragiques. La scène finale en témoigne à elle seule car l'annonce du mariage entre Éliante et Philinte, scène finale typique du genre comique, est éclipsée par le départ d'Alceste.

Le Misanthrope, tout en étant une comédie, sort donc quelque peu des cadres conventionnels du théâtre comique.

UN MONDE DE FAUX-SEMBLANTS

Ce qui régit la pièce, notamment le système des personnages, c'est le positionnement de ceux-ci par rapport aux faux-semblants. Le monde représenté est en effet un monde où la vie sociale est entièrement réglée par les conventions. En ce sens, le salon de Célimène constitue une sorte de représentation de la cour en miniature. Il est régi par un certain nombre de règles de bonne conduite et de politesse. Chacun doit y obéir sous peine de finir par en être exclu, comme Alceste.

Les conventions qui dirigent ce monde prônent l'usage de la politesse dans n'importe quelle situation. Elles poussent donc les mondains à valoriser leur interlocuteur, même si celui-ci n'a aucun mérite, ce qui favorise l'usage de la flatterie, parfois jusqu'à outrance. De cette manière, le salon de Célimène cultive le gout des faux-semblants, tout en bafouant l'honnêteté.

En dehors d'Alceste, tous les personnages obéissent aux règles conventionnelles du salon de Célimène. Cependant, ils n'adhèrent pas tous à ces conventions avec la même intensité. Entre Alceste qui refuse d'entrer dans le jeu des faux-semblants et Célimène qui mène le jeu, les personnages s'intègrent dans cette logique de manières diverses :

- Alceste rejette catégoriquement ce monde de convention. Refusant d'obéir aux règles et d'accepter d'entrer dans le monde des faux-semblants, il s'en exclut lui-même ;
- Éliante et Philinte sont les voix de la sagesse. En théorie, ils ne semblent pas adhérer au culte des faux-semblants, mais, dans la pratique, ils savent que le monde dans lequel ils vivent ne leur laisse pas d'autre choix. Ils adoptent donc une attitude détachée et pragmatique ;
- les marquis et Oronte se plient aux règles sans se poser de question ;
- Arsinoé essaye d'utiliser les faux-semblants dans son intérêt. Elle cherche à maitriser sa réputation en jouant des conventions. Elle tente en vain de battre Célimène sur son propre terrain ;
- Célimène est la reine au sein de son salon. Tous les autres personnages gravitent autour d'elle dans sa cour miniature. En tant que telle, elle est celle qui édicte les règles. Elle est la maitresse du jeu des faux-semblants.

LA VALEUR DES MOTS

Les faux-semblants, dans cette pièce, sont intimement liés à un certain usage du langage. On se trouve en effet dans le régime de la sincérité ou dans celui de l'hypocrisie selon la valeur qu'on donne aux mots : valeur intrinsèque pour Alceste ou purement conventionnelle pour les autres.

C'est notamment la fonction de la métaphore monétaire dans la pièce : cette métaphore, filée sur tout le texte, vient mettre en parallèle le langage et la monnaie, en partant de la valeur conventionnelle que l'on attribue à chacun d'eux. On retrouve celle-ci dès la scène d'exposition, lorsque Philinte déclare : « Lorsqu'un homme vous vient embrasser avec joie/Il faut bien le payer de la même monnoie. » (acte I, scène I) Selon ses propos, les relations sociales seraient donc fixées de manière conventionnelle, tout comme l'est la valeur de la monnaie. Les relations sociales étant régulées par le langage, c'est donc la valeur des mots qui est en jeu.

Et c'est en effet la valeur des mots qui est une des grandes préoccupations d'Alceste dans son souci de sincérité. La preuve en est dans la scène de la critique du sonnet d'Oronte (acte I, scène II). Ses reproches portent de fait sur ses « expressions [qui] ne sont point naturelles » et sur son « style figuré ». Les détours et le style d'Oronte déplaisent à Alceste à cause de leur manque de naturel. Son langage cultive les faux-semblants, et Alceste ne peut le cautionner. Pour lui, la valeur des mots doit être juste pour qu'ils expriment simplement les sentiments.

Honnêteté et langage simple sont donc intimement liés dans l'esprit d'Alceste. Il n'est donc pas innocent dans cette logique que l'hypocrite Célimène manie le langage avec tant de talent. Elle fait de l'hypocrisie un art littéraire et les mondains l'admirent pour cette capacité.

LE THÉÂTRE AU XVIIᵉ SIÈCLE

Le théâtre au XVIIᵉ siècle n'est pas qualifié de « classique » sans raison. Il fait en effet l'objet à cette époque de toute une série de conventions, tant par rapport à son écriture que par rapport à sa représentation. Ces conventions concernent aussi bien la forme que le fond.

Les œuvres dramatiques sont généralement divisées en cinq actes, comme c'est le cas pour *Le Misanthrope*. La principale convention formelle est la règle des trois unités. Elle comporte :

- l'unité de lieu. Toute l'action d'une œuvre dramatique doit se dérouler en un même lieu. *Le Misanthrope* respecte cette règle puisque l'action se déroule à Paris, dans le salon de Célimène ;
- l'unité de temps. L'action d'une pièce doit se dérouler sur une journée. Les précisions quant à la chronologie sont peu nombreuses dans la pièce de Molière, mais on peut néanmoins déceler quelques indices qui montrent le respect de cette règle : on entend Clitandre parler du « lever » du roi (acte II, scène IV) et Alceste de « fin du jour » (acte IV, scène IV) ;
- l'unité d'action. Il ne peut y avoir qu'une intrigue. C'est bien le cas dans *Le Misanthrope* puisque c'est l'intransigeance d'Alceste envers les vices de son temps et donc envers le comportement de ses pairs qui guide l'ensemble de l'action.

Chaque pièce de théâtre doit donc respecter les règles de vraisemblance et de bienséance. La vraisemblance veut qu'on ne représente sur scène que des choses qui soient imaginables dans la vie quotidienne. La bienséance suppose quant à elle qu'on ne représente rien sur scène qui puisse choquer le spectateur. Par exemple, on peut relater des décès à postériori, mais on ne peut les montrer sur scène. Le théâtre doit être moral.

Les œuvres dramatiques du XVIIe siècle sont contrôlées pour vérifier qu'elles respectent bien toutes ces règles. Si elles ne le sont pas, elles sont censurées. Plusieurs œuvres de Molière, comme *Le Tartuffe* (1664) ou *Dom Juan* (1665), ont ainsi été interdites de représentation.

Mais le contrôle peut aussi s'exercer de manière plus subtile. Être auteur, acteur ou metteur en scène et en vivre à l'époque n'était pas chose aisée. La faillite de la troupe de Molière, l'Illustre-Théâtre, en est un exemple bien connu. Pour permettre à leurs œuvres d'exister, les auteurs et les troupes devaient en général être sous la protection de puissants hommes. C'est pourquoi, avant d'être remarqués et protégés par le roi lui-même, Molière et sa troupe ont bénéficié de l'appui de Monsieur, le frère du roi. Or, on peut aisément comprendre que la protection des puissants a un prix. Bénéficier de leur appui suppose en effet de leur plaire, ce qui implique de suivre leurs règles. Cela constitue donc aussi une forme de contrôle.

LA POSTÉRITÉ DU *MISANTHROPE*

La pièce connait un dénouement relativement ouvert : Alceste, incapable de ramener Célimène à de meilleurs sentiments (ou, lui, de s'intégrer aux conventions qui le contraindraient à abandonner toute franchise), se retire du monde. Molière met ici fin à sa pièce et ne dit rien de ce qu'il advient de lui par la suite. C'est pourquoi, dans les suites et réécritures données au *Misanthrope* de Molière, « la question qui sous-tend ces différents textes est souvent la même : Alceste peut-il être corrigé et réintégrer la société ? » (Molière, *Le Misanthrope*, avec étude de texte de Fabienne Wolf, p. 114)

Si l'on ne se réfère qu'à la pièce originale, la probabilité qu'il y arrive est faible, tant Alceste est en marge de la société : aussi franc que les autres sont hypocrites, il s'écarte d'eux par bien des aspects. C'est néanmoins ce trait de franchise qui le distingue, et cette opposition va subsister dans de nombreuses mises en scène. Alceste est ainsi souvent dépeint comme un personnage franc, vertueux et sympathique, tandis que le personnage de Célimène reste pendant longtemps dominateur et cruel, avant de se muer en une femme affirmée dont la séduction est la seule arme face aux hommes.

Au XVIIIe siècle, la pièce de Molière se fait un illustre ennemi en la personne de Jean-Jacques Rousseau (écrivain suisse, 1712-1778). Dans sa *Lettre à d'Alembert*, l'auteur critique à la fois la pièce, qu'il accuse de tourner en ridicule les aspirations pourtant vertueuses de son protagoniste, et le personnage d'Alceste, que Molière aurait dû rendre philanthrope et intéressé par une belle nature humaine. Selon Rousseau, Alceste est bien un homme de qualité, mais tourné en ridicule : il n'est pas fou, mais victime de ses expériences. Pour lui, Alceste est avant tout tourné contre l'hypocrisie et la méchanceté de ses semblables, plutôt que contre les êtres humains eux-mêmes. Partant de ce postulat, il ne serait donc plus misanthrope, mais à la fois philanthrope et modèle de vertu, une vision du personnage que l'on retrouvera dans certaines œuvres postérieures.

Cependant, tous n'ont pas partagé l'avis de Jean-Jacques Rousseau. Jean-François Marmontel (homme de lettres français, 1723-1799), anti rousseauiste (il rédigera sa propre réponse à la *Lettre*), n'enlève pas à Alceste sa vertu dans son *Misanthrope corrigé* (1765). Dans cette pièce, écrite dans le même style que celle de Molière, Alceste s'est retiré à la campagne et s'est consolé de Célimène dans les bras d'Ursule, la fille d'un seigneur du village où il s'est établi. Cette relation l'amène à réviser son opinion sur la nature humaine : lui qui détestait les hommes semble désormais les aimer. La qualité de vertu reste, puisqu'Alceste avait simplement montré trop de vertu et de raison et s'était perdu, mais n'est plus sujette à ridicule. L'homme était bel et bien devenu misanthrope au contact de l'ancienne société dans laquelle il vivait.

Néanmoins, tout l'héritage du *Misanthrope* n'a pas réservé un sort aussi heureux à Alceste. Présentée comme une suite directe de la pièce, *La Conversion d'Alceste* (1905) de Georges Courteline (romancier et dramaturge français, 1858-1929) est écrite, tout comme l'œuvre de Molière, en alexandrins. Dans celle-ci, Alceste a décidé de revenir dans le monde après son exil ; Éliante n'est plus présente, et Célimène – qu'Alceste a pourtant épousée depuis – est devenue l'amante de Philinte. Décidé à se montrer plus tolérant envers ses semblables (c'est là sa conversion), il loue dans un premier temps un nouveau sonnet d'Oronte, mais ne peut résister bien longtemps à son caractère premier : les deux hommes se brouillent à nouveau quand Oronte demande à Alceste d'insérer son œuvre dans un journal. Pire encore, Alceste découvre que Célimène a cessé de s'intéresser à lui depuis qu'il a changé. Se faire passer pour quelqu'un de philanthrope n'a donc servi à rien. Le misanthrope, inadapté à la société, se retire à nouveau, convaincu qu'il aurait dû rester tel qu'il était. Il ne cesse de vouloir chercher la vérité dans une société qui, telle qu'elle est, ne fonctionne correctement qu'avec une certaine dose d'hypocrisie et de mensonge pour enjoliver la réalité.

PISTES DE RÉFLEXION

QUELQUES QUESTIONS POUR APPROFONDIR SA RÉFLEXION...

- Comment interpréter les parallèles et différences qu'il existe entre le couple Célimène/Alceste et le couple Éliante/Philinte ?
- Comparez le comique tempéré du *Misanthrope* avec le comique populaire des *Fourberies de Scapin*. Quelles sont les différences majeures entre ces deux comiques ?
- Selon vous, qui du misanthrope ou des mondains Molière voulait-il le plus tourner en ridicule ? Expliquez votre réponse.
- Dans nombre de ses pièces, Molière dresse une satire des vices de son époque. Comparez les vices critiqués dans *Le Misanthrope* et dans *Le Tartuffe*. Quelles similitudes constatez-vous ?
- Dans le théâtre classique, la comédie est en général considérée comme un genre moins sérieux que la tragédie. Pensez-vous que ce jugement puisse s'appliquer au *Misanthrope* ? Justifiez votre réponse.
- *Le Misanthrope*, par certains aspects, fait passer le genre comique du côté de la tragédie. Pensez-vous, dans cette optique, qu'on soit face à une pièce morale qui respecte tant la vraisemblance que la bienséance ?
- Quel rôle jouent les mots dans l'acharnement d'Alceste à combattre l'hypocrisie de son époque ?
- Malgré sa franchise incontestable, Alceste a-t-il un comportement uniforme envers l'ensemble des protagonistes ? Expliquez votre réponse.

- Faites une recherche sur la réception de la pièce au fil des siècles. Que pouvez-vous en conclure ?
- Dans le film *Molière* (2007) de Laurent Tirard, quelles scènes et quels personnages sont, selon vous, inspirés du *Misanthrope* ? À quelles autres pièces croyez-vous que le film fait référence ? Expliquez votre réponse.

POUR ALLER PLUS LOIN

ÉDITION DE RÉFÉRENCE

- MOLIÈRE, *Le Misanthrope ou l'Atrabilaire amoureux*, Paris, Larousse, coll. « Petits Classiques Larousse », 2006.

ÉTUDES DE RÉFÉRENCE

- ANGEBAULT C., « L'exception d'Alceste, ou comment le classicisme a pu servir à la modernité », in *Dix-septième siècle*, 2004, n°223, p. 183-198, consulté le 9 septembre 2016, www.cairn.info/revue-dix-septieme-siecle-2004-2-page-183.htm
- APOSTOLIDÈS J.-M., « Célimène et Alceste : l'échange des mots » in *Le Misanthrope au théâtre.*
- « Brève note sur la mélancolie joyeuse de Georges Courteline », in *Salon Littéraire*, consulté le 9 septembre 2016, http://salon-litteraire.linternaute.com/fr/essai-litteraire/content/1840593-breve-note-sur-la-melancolie-joyeuse-de-georges-courteline
- « La conversion d'Alceste de Georges Courteline », in *Libre Théâtre*, consulté le 9 septembre 2016, http://libretheatre.fr/la-conversion-dalceste-de-georges-courteline/
- « *Le Misanthrope* (1666) », in *Observatoire de la vie littéraire*, consulté le 9 septembre 2016, http://obvil.paris-sorbonne.fr/corpus/moliere/critique/merlet_moliere/body-2#p407
- MÉNANDRE, *Molière, Griboïedov, Mugron*, Landes, Éditions José Feijoo, 1990, p. 157-169.
- MESNARD J., « *Le Misanthrope* : mise en question de l'art

de plaire », in *Revue d'histoire littéraire de la France*, 5-6, 1972, p. 863-889.
- « Misanthropie littéraire. 1. Personnages et œuvres », in *Biblioweb, La Bibliothèque de Babel*, consulté le 9 septembre 2016, http://biblioweb.hypotheses.org/275
- MOLIÈRE, *Le Misanthrope*, avec étude de texte de Fabienne Wolf, Paris, Bréal, 2003.

ADAPTATIONS

- *Molière*, film de Laurent Tirard, avec Romain Duris, Fabrice Luchini, Laura Morante, France, 2007.

Ce film n'est pas, à proprement parler, une adaptation du *Misanthrope*. Il mêle en effet des éléments biographiques avec des éléments de certaines de ses pièces. De ce point de vue, le film constitue une adaptation de plusieurs des pièces de Molière, dont *Le Misanthrope*.

SUR LEPETITLITTÉRAIRE.FR

- Commentaire du monologue d'Harpagon dans *L'Avare* de Molière.
- Commentaire de la scène II de l'acte III de *Dom Juan* de Molière.
- Commentaire de la scène I de l'acte II du *Bourgeois gentilhomme* de Molière.
- Commentaire de la scène IV de l'acte V du *Misanthrope* de Molière.
- Commentaire de la scène X de l'acte III du *Malade imaginaire* de Molière.

- Commentaire de la scène VI de l'acte III du *Tartuffe* de Molière.
- Commentaire de la scène IX des *Précieuses ridicules* de Molière.
- Commentaire de la scène I de l'acte I des *Femmes savantes* de Molière.
- Commentaire des scènes I et II de l'acte I de *George Dandin* de Molière.
- Fiche de lecture sur *Amphitryon* de Molière.
- Fiche de lecture sur *Dom Juan*.
- Fiche de lecture sur *George Dandin*.
- Fiche de lecture sur *Le Bourgeois gentilhomme*.
- Fiche de lecture sur *L'École des Femmes* de Molière.
- Fiche de lecture sur *Le Malade imaginaire*.
- Fiche de lecture sur *Le Médecin volant* de Molière.
- Fiche de lecture sur *Le Misanthrope*.
- Fiche de lecture sur *Les Femmes savantes*.
- Fiche de lecture sur *Les Fourberies de Scapin* de Molière.
- Fiche de lecture sur *Les Précieuses ridicules*.
- Fiche de lecture sur *Le Tartuffe*.
- Fiche de lecture sur *L'Impromptu* de Versailles de Molière.
- Questionnaire de lecture sur *L'Avare*.
- Questionnaire de lecture sur *Dom Juan*.
- Questionnaire de lecture sur *Le Bourgeois gentilhomme*.
- Questionnaire de lecture sur *Le Misanthrope*.
- Questionnaire de lecture sur *Le Malade imaginaire*.
- Questionnaire de lecture sur *L'École des Femmes*.
- Questionnaire de lecture sur *Les Précieuses ridicules*.
- Questionnaire de lecture sur *George Dandin*.
- Questionnaire de lecture sur *Le Médecin volant*.
- Questionnaire de lecture sur *Les Fourberies de Scapin*.

www.lepetitlitteraire.fr

ISBN version numérique : 978-2-8062-8669-7
ISBN version papier : 978-2-8062-8670-3
Dépôt légal : D/2016/12603/601

Avec la collaboration de Lucile Lhoste pour le chapitre « La postérité du *Misanthrope* ».

Conception numérique : Primento,
le partenaire numérique des éditeurs.

Ce titre a été réalisé avec le soutien de la Fédération Wallonie-Bruxelles, Service général des Lettres et du Livre.

Retrouvez notre offre complète sur lePetitLittéraire.fr

- des fiches de lectures
- des commentaires littéraires
- des questionnaires de lecture
- des résumés

ANOUILH
- Antigone

AUSTEN
- Orgueil et Préjugés

BALZAC
- Eugénie Grandet
- Le Père Goriot
- Illusions perdues

BARJAVEL
- La Nuit des temps

BEAUMARCHAIS
- Le Mariage de Figaro

BECKETT
- En attendant Godot

BRETON
- Nadja

CAMUS
- La Peste
- Les Justes
- L'Étranger

CARRÈRE
- Limonov

CÉLINE
- Voyage au bout de la nuit

CERVANTÈS
- Don Quichotte de la Manche

CHATEAUBRIAND
- Mémoires d'outre-tombe

CHODERLOS DE LACLOS
- Les Liaisons dangereuses

CHRÉTIEN DE TROYES
- Yvain ou le Chevalier au lion

CHRISTIE
- Dix Petits Nègres

CLAUDEL
- La Petite Fille de Monsieur Linh
- Le Rapport de Brodeck

COELHO
- L'Alchimiste

CONAN DOYLE
- Le Chien des Baskerville

DAI SIJIE
- Balzac et la Petite Tailleuse chinoise

DE GAULLE
- Mémoires de guerre III. Le Salut. 1944-1946

DE VIGAN
- No et moi

DICKER
- La Vérité sur l'affaire Harry Quebert

DIDEROT
- Supplément au Voyage de Bougainville

DUMAS
• Les Trois
  Mousquetaires

ÉNARD
• Parlez-leur
  de batailles,
  de rois et
  d'éléphants

FERRARI
• Le Sermon sur la
  chute de Rome

FLAUBERT
• Madame Bovary

FRANK
• Journal
  d'Anne Frank

FRED VARGAS
• Pars vite et
  reviens tard

GARY
• La Vie devant soi

GAUDÉ
• La Mort du
  roi Tsongor
• Le Soleil des
  Scorta

GAUTIER
• La Morte
  amoureuse
• Le Capitaine
  Fracasse

GAVALDA
• 35 kilos d'espoir

GIDE
• Les
  Faux-Monnayeurs

GIONO
• Le Grand
  Troupeau
• Le Hussard
  sur le toit

GIRAUDOUX
• La guerre de
  Troie
  n'aura pas lieu

GOLDING
• Sa Majesté des
  Mouches

GRIMBERT
• Un secret

HEMINGWAY
• Le Vieil Homme
  et la Mer

HESSEL
• Indignez-vous !

HOMÈRE
• L'Odyssée

HUGO
• Le Dernier Jour
  d'un condamné
• Les Misérables
• Notre-Dame
  de Paris

HUXLEY
• Le Meilleur
  des mondes

IONESCO
• Rhinocéros
• La Cantatrice
  chauve

JARY
• Ubu roi

JENNI
• L'Art français
  de la guerre

JOFFO
• Un sac de billes

KAFKA
• La Métamorphose

KEROUAC
• Sur la route

KESSEL
• Le Lion

LARSSON
• Millenium I. Les
  hommes qui
  n'aimaient pas
  les femmes

LE CLÉZIO
• Mondo

LEVI
• Si c'est un
  homme

LEVY
• Et si c'était vrai…

MAALOUF
• Léon l'Africain

MALRAUX
• La Condition
humaine

MARIVAUX
• La Double
Inconstance
• Le Jeu de l'amour
et du hasard

MARTINEZ
• Du domaine
des murmures

MAUPASSANT
• Boule de suif
• Le Horla
• Une vie

MAURIAC
• Le Nœud
de vipères

MAURIAC
• Le Sagouin

MÉRIMÉE
• Tamango
• Colomba

MERLE
• La mort est
mon métier

MOLIÈRE
• Le Misanthrope
• L'Avare
• Le Bourgeois
gentilhomme

MONTAIGNE
• Essais

MORPURGO
• Le Roi Arthur

MUSSET
• Lorenzaccio

MUSSO
• Que serais-je
sans toi ?

NOTHOMB
• Stupeur et
Tremblements

ORWELL
• La Ferme
des animaux
• 1984

PAGNOL
• La Gloire de
mon père

PANCOL
• Les Yeux jaunes
des crocodiles

PASCAL
• Pensées

PENNAC
• Au bonheur
des ogres

POE
• La Chute de la
maison Usher

PROUST
• Du côté de
chez Swann

QUENEAU
• Zazie dans
le métro

QUIGNARD
• Tous les matins
du monde

RABELAIS
• Gargantua

RACINE
• Andromaque
• Britannicus
• Phèdre

ROUSSEAU
• Confessions

ROSTAND
• Cyrano de
Bergerac

ROWLING
• Harry Potter à
l'école des sor-
ciers

SAINT-EXUPÉRY
• Le Petit Prince
• Vol de nuit

SARTRE
• Huis clos
• La Nausée
• Les Mouches

SCHLINK
• Le Liseur

SCHMITT
- La Part de l'autre
- Oscar et la
  Dame rose

SEPULVEDA
- Le Vieux qui
  lisait des romans
  d'amour

SHAKESPEARE
- Roméo et Juliette

SIMENON
- Le Chien jaune

STEEMAN
- L'Assassin
  habite au 21

STEINBECK
- Des souris et
  des hommes

STENDHAL
- Le Rouge et
  le Noir

STEVENSON
- L'Île au trésor

SÜSKIND
- Le Parfum

TOLSTOÏ
- Anna Karénine

TOURNIER
- Vendredi ou
  la Vie sauvage

TOUSSAINT
- Fuir

UHLMAN
- L'Ami retrouvé

VERNE
- Le Tour
  du monde
  en 80 jours
- Vingt mille
  lieues sous
  les mers
- Voyage au
  centre de
  la terre

VIAN
- L'Écume des jours

VOLTAIRE
- Candide

WELLS
- La Guerre des
  mondes

YOURCENAR
- Mémoires
  d'Hadrien

ZOLA
- Au bonheur
  des dames
- L'Assommoir
- Germinal

ZWEIG
- Le Joueur
  d'échecs

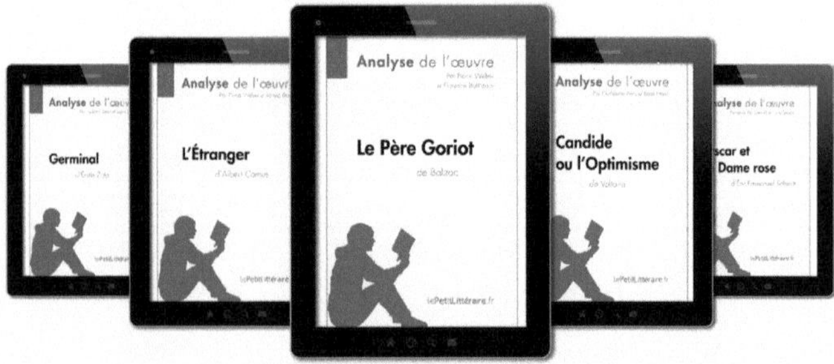